AF346964

AVIS IMPORTANTS
A Mons^{R.} ARNAUD,

Sur le projet d'une nouvelle Bibliotheque d'Autheurs Jansenistes.

MONSIEUR,

L'Occasion qui se presente de vous écrire m'a fait prendre la liberté de vous mander ce qui se passe icy au sujet de la nouvelle Bibliotheque de nos Auteurs, qu'on m'a assuré estre sous la presse. J'ay vû depuis peu entre les mains d'une personne qui ne nous aime point une lettre que vous avez écrite à un Libraire de Hollande, auquel vous avez confié le secret de cette importante affaire. J'y ay reconnu vostre caractere, & il est à craindre que si elle vient jusques à vos ennemis qui ont voulu vous faire passer pour un broüillon & pour un seditieux, ils n'en tirent de grands avantages. Ils y verront que depuis six ou sept ans vous cherchez de tous côtez dans la Hollande un Imprimeur qui veuille entreprendre l'impression de cinq ou six Volumes *in folio*, sur les matieres de la Grace & sur la Morale. Ne diront-ils pas qu'il semble que vous ne soyez né que pour broüiller l'Estat & la Religion pendant toute vostre vie. Voicy, Monsieur, ce que vous écrivez à ce Libraire, qui se disposoit à un voyage de Paris. *Nous apprenons que Mademoiselle Schippers se dispose à vendre son fond: ce qui nous fait croire qu'elle pense à quitter son commerce & à vivre en repos, & qu'ainsi elle ne continuera plus dans le dessein qu'elle avoit pris d'imprimer en cinq ou six Volumes* in folio *le Recueil des plus beaux Ouvra-*

Lettre de Mr. Arnaud, 11 Mars 1686. en original.

A

ges

ges de ce temps touchant la Grace & la Morale, dont la moitié qui regarde la Grace est déja toute preste à imprimer, & l'autre le sera quand on voudra. Il n'y a point de Bibliotheque en Europe où on ne voulût avoir ces Livres-là, & on a acheté à Paris six ou sept cens francs ce qu'on pourroit donner alors pour vingt écus. Voyez, Monsieur, si vous aviez quelque pensée d'entreprendre ce travail : mais quelque resolution que vous preniez sur cela, je vous supplie de n'en parler qu'à Mr. Nicole, & si quelques raisons vous empêchent d'y penser, de ne dire à personne que l'on vous l'ait proposé. Je suis, Monsieur, vostre tres humble & tres obeissant serviteur, A. A.

Il est fâcheux que le nom de Monsr. Nicole soit dans vostre lettre ; car l'on ne manquera pas de dire qu'il a toujours continué d'avoir des intelligences secretes avec vous, & d'avoir même travaillé à ce nouvel Ouvrage. Monsr. l'Archevêque de Paris auroit alors raison de luy reprocher qu'il n'a pas tenu la parole qu'il luy a donnée, de ne se mêler jamais de quoy que ce soit qui regarde le Jansenisme. Il n'y a pas même long temps qu'il fut obligé d'aller à l'Archevêché rendre raison de sa conduite pour une action de charité. On l'accusoit de tenir chez luy des assemblées de Dames & d'autres personnes de qualité, pour assister nos amis de Mons, qui ont souffert de grandes pertes dans le siege de cette ville. Nos ennemis traitterent de cabale ces assemblées : Ils dirent que ces cueillettes particulieres & affectées à de certaines gens sans la permission du Magistrat ne pouvoient estre faites que par des gens de parti. Cela n'a point eu de suite ; mais il n'en sera par de même de nostre nouvelle Bibliotheque, le Roy ne voulant point absolument qu'on reveille ces sortes de questions.

Nostre malheur est, que ce sage Prince qui s'applique avec tous les soins possibles à conserver la paix dans son Royaume, est furieusement prevenu contre nous. Il ne revient point du sentiment où il a toûjours

jours esté, qu'il n'y a gueres de difference entre un Calviniste & un Janseniste. Ne dites point, Monsieur, que le Roy n'a plus cette pensée de nous ; que cela estoit bon dans sa jeunesse, où on luy avoit fait entendre que les Jansenistes estoient de grands *frondeurs*. Je puis vous assurer que Sa Majesté est toûjours dans la même pensée à nostre égard : elle croit que si on levoit quelque nouveau regiment Corinthien dans le Royaume, il seroit composé de Jansenistes. Peut-estre ne sçavez-vous pas ce qui s'est passé à la prise de Mons. La ville ne se fut pas plûtost renduë au Roy, qu'il recommanda fortement à Monsieur de Louvois de faire une recherche exacte des écrits du Pere Fauconnier touchant la Grace efficace, qu'il croyoit estre entre les mains des Peres de l'Oratoire de cette ville. Ce qui surprit fort ces bons Peres, qui n'en avoient point entendu parler. Ils témoignerent qu'ils n'avoient garde d'estre chargez de l'impression de ce Livre puis qu'il n'y avoit chez eux aucun Imprimeur. Cette action du Roy fait bien voir, qu'il regarde toûjours d'un mauvais œil nos opinions sur les matieres de la Grace, & comme capables de causer de nouveaux desordres dans ses Estats.

Il faut que je vous avoüe qu'il y a eu bien peu de discretion parmy les nôtres sur cette affaire du Pere Fauconnier. Il y avoit pour le moins quinze ans qu'il travailloit à une Theologie purement Augustinienne, s'estant retiré en partie pour cela dans la maison de Nôtre Dame des Vertus, pour estre dans le voisinage de Paris : ayant enseigné long temps la Theologie chez les Peres de l'Oratoire, & estant homme d'une grande lecture, il a recueilli les témoignages d'une infinité de bons Auteurs en faveur de la Grace efficace. L'Ouvrage qui devoit contenir trois Volumes *in folio*, estoit déja sous la presse, comme un des nostres, qui est, ce me semble, Monsr. Gerard Chanoine de Beauvais, alla dire à quelques-uns de nos amis, qu'on imprimoit un excellent livre Latin sur la

Grace efficace, dont l'Auteur estoit mort depuis peu de jours dans le voisinage de Paris. Mr. l'Archevêque de Paris en ayant esté averti voulut sçavoir des principaux Peres de l'Oratoire le fond de cette affaire ; il leur demanda les écrits du Pere pour les examiner : mais ils n'estoient pas en leur pouvoir, parce que nous avions pris toutes nos mesures là-dessus, ne voulant pas que cette impression se fit de leur participation.

Cela n'a pas laissé que de faire du bruit dans le monde ; quelques mal-intentionnez ont publié que nous estions des gens de party & de cabale, puis que nous faisions imprimer en cachette l'Ouvrage d'un homme de communauté aprés sa mort, & sans que sa communauté y eût aucune part. Ils disent de plus que Monsieur l'Archevêque de Paris s'est offert, si on vouloit luy remettre l'original, de le donner à lire à des Docteurs Thomistes ; & que s'il ny avoit que le pur *Thomisme*, il se chargeoit luy-même d'en faire obtenir le privilege : mais nous avons bien fait de ne pas consentir à sa proposition ; parce qu'on auroit supprimé une partie de cet Ouvrage. L'Auteur y refute solidement le Pere Thomassin, le P. Porc, & plusieurs autres Peres de l'Oratoire, qui ont abandonné lâchement la doctrine de nostre grand maistre S. Augustin. Il est à propos de garder exactement l'original du P. Fauconnier : car les Jesuites ne manqueront pas de publier que nous sommes des gens de mauvaise foy, & que nous nous servons du nom de ce Pere pour donner plus d'autorité à nos sentimens.

Si cet Ouvrage paroist, comme nous l'esperons, en même temps que la nouvelle Bibliotheque de nos Auteurs sur la Grace, il nous sera d'un grand secours pour fermer la bouche à nos ennemis, & même pour faire revenir plusieurs personnes qui nous quittent tous les jours. Il faut que vous sachiez que ce n'est point l'amour de la verité qui nous conserve, tant dans Paris que dans les Provinces, un si grand nombre de personnes attachées à nos interests : c'est la
haine

baine qu'on a communément pour les Jeſuites. Ce
corps eſt devenu ſi puiſſant, qu'on ſeroit bien aiſe de
le voir humilié. Il eſt, dit-on, bien plus d'Anti-Jeſui-
tes que de Janſeniſtes. J'aurois eſté d'avis, Monſieur,
pour cette raiſon que vous euſſiez commencé l'impreſſion de voſtre Nouvelle Bibliotheque par les Livres qui traittent de la Morale. Ils feront reçus generalement de tout le monde avec applaudiſſement,
au lieu que les matieres de la Grace eſtant difficiles à
entendre elles donneront lieu à des diſputes qui ne
finiront jamais.

Les affaires ſont preſentement dans un autre eſtat,
qu'elles n'eſtoient lorſque nous avons remporté de
ſi grands avantages ſur les Jeſuites. Il s'eſt élevé un
tiers parti qui condamne également les Jeſuites & les
diſciples de S. Auguſtin, les premiers, diſent-ils,
n'ayant point voulu abandonner ce Pere en aucune
maniere, ont defendu une cauſe qui n'eſt pas ſoû-
tenable d'elle-même : les autres ſe ſont enteſtez mal
à propos de l'autorité d'un ſeul Pere & de quelques-
uns de ſes diſciples contre l'ancienne tradition & la
creance même de toutes les Egliſes du monde. L'on
m'a même aſſuré qu'il y a un parti formé dans Paris
contre la doctrine de S. Auguſtin pour la combattre
aux endroits où il ne convient point avec les autres
Peres. Il eſt abſolument neceſſaire que vous preveniez fortement cette objection dans les Notes que
vous ajoûtez à la Nouvelle Bibliotheque. Ils nous
blâment d'avoir avancé dans pluſieurs Ouvrages, que
la tradition nous eſt favorable. J'ay lû depuis peu en
manuſcrit un petit Livre qu'on attribue à Monſr. de
Launoy, où ſans heſiter l'on fait paſſer S. Auguſtin
pour un Novateur.

Ce tiers parti qui pourroit bien cauſer un jour
nôtre ruïne pretend que ſi les Jeſuites avoient ſuivi
le Pere Sirmond, qui vouloit qu'on ſe ſervît de l'autorité des Peres Grecs contre S. Auguſtin, qui n'a
jamais eu, diſoit-il, le temps ni même la capacité

d'examiner avec application les faits dont il s'agit, nous n'aurions pû tenir ferme devant eux. On aſſure que le P. Morin de l'Oratoire eſtoit auſſi de ce ſentiment, & qu'il nous traittoit d'ignorans qui n'ayant lû que deux ou trois livres voulions faire la loy à toute l'Egliſe. Oſerois-je vous dire qu'il ſe trouve icy des gens qui ne font aucune difficulté de publier, qu'il eſt tres dangereux de mettre entre nos mains la defenſe de la Religion contre les Heretiques. Un de ſes gens-là me diſoit il y a quelque temps, je voudrois bien ſçavoir comment Monſr. Arnaud & Monſr. Nicole, qui ſont les auteurs de ces trois gros Volumes *de la perpetuité de la Foy*, auroient pû répondre à Monſr. Claude, s'il s'eſtoit aviſé de faire venir du Levant des atteſtations ſur la Grace efficace des Janſeniſtes. Il ſuppoſoit comme une verité conſtante, que les Egliſes d'Orient n'ayant pas aſſez lû S. Auguſtin & ſes diſciples, pour diſtinguer ſes ſentimens d'avec ceux des Manichéens, les auroient condamnez comme Heretiques. Il ne falloit pas, ajoûtoit-il, s'oppoſer à toute l'antiquité, comme a fait ce Pere, pour combatre Pelage & ſes ſectateurs. Cela ne fit que rendre les Pelagiens plus obſtinez, voyant que leur grand adverſaire ne les avoit pû condamner, qu'il ne condamnât en même temps toute l'ancienne tradition. Cet homme pretendoit qu'il y avoit un milieu à garder entre les ſentimens de S. Auguſtin & ceux de Pelage; que ce milieu, qui ſe trouve dans tous les Peres depuis les Apoſtres juſques à ce ſaint Evêque, eſt le veritable parti que les bons Catholiques doivent embraſſer.

Vous ne ſçauriez croire quelle impreſſion ce nouveau dogme a fait ſur l'eſprit de pluſieurs perſonnes qui avoient fait paroître cy-devant un grand zele pour la doctrine de S. Auguſtin. C'eſt ce qui a éloigné de nous les plus habiles gens qui ſoient preſentement chez les Chanoines Reguliers de la Congregation de France. Ceux mêmes qui nous ont autrefois rendu

de

de tres bons offices auprés de Mr. d'Alet & de Mr. de
Pamiers, ne font aujourd'huy aucune difficulté de
témoigner à leurs amis, qu'ils demandent fans ceffe
pardon à Dieu des fautes qu'ils ont commifes lors
qu'ils ont détourné ces bons Evêques de figner le
Formulaire qui a fait tant de bruit, y eftant portez
d'eux-mêmes pour le bien de la paix. Nous fommes,
difent-ils, entrez jeunes dans une Congregation où
l'on ne parloit que de S. Auguftin. Nous lifions
exactement toutes les feuilles volantes que Meffieurs
de Port Royal publioient contre les Jefuites: Nous
avions joint à cela l'*Auguftinus* de l'Evêque d'Ypres,
qui fait un cinquiéme Evangelifte de S. Auguftin.
Mais nous ne nous fommes pas plûtoft appliquez à la
lecture des anciens Peres, que nous fommes revenus
de nôtre enteftement.

Il eft vray que nous avons toûjours de bons amis
parmi ces Religieux; mais ils ne font pas les maîtres.
Le Pere Morin qui vient d'eftre depofé de fon Generalat, & fes affiftans nous eftoient fort contraires.
Noftre party a efté affez puiffant dans ce corps, pour
faire élire un autre General en fa place. Il a même
trouvé les moyens d'exclure des premieres charges
ceux qui avoient abandonné S. Auguftin, pour fui-
vre les Peres Grecs, en les faifant paffer pour des Sociniens. Il eft bon que vous foyez informé de ce qui fe
paffe prefentement dans leur Chapitre general, qui
fe tient dans leur Maifon de Sainte Geneviéve, parce
que cela regarde nos affaires. L'accufation du Socinianifme eftant trop odieufe, il a falu ufer de rufe:
l'on a reprefenté à Mr. l'Archevêque de Paris que le
General eftoit un homme mol qui fouffroit de grands
defordres dans fa congregation fans y remedier, que
les Janfeniftes y enfeignoient impunement leurs fentimens; & ce qui eftoit encore plus fâcheux, que le
Socinianifme commençoit à s'y répandre: on a même nommé ces Sociniens, & l'on a fait mention de
certaines Thefes foûtenuës dans une de leurs maifons,

où l'on donnoit une grande atteinte au peché originel, & où il y a quelques autres positions qui ne sont
defenduës que par les Arminiens & par les Sociniens.
Ces Theses avoient esté luës & approuvées par un des
Visiteurs; on avoit de plus écrit à la Cour plusieurs
lettres en conformité de ce que je viens de vous dire.

Monsieur de Paris qui a crû qu'il estoit de son
devoir de mettre la paix dans cette Communauté, les a fait avertir, comme ils estoient prests de
s'assembler, de ne point tenir leur Chapitre, qu'il ne
leur eût parlé. Les principaux de la Congregation
l'estant allé trouver sans leur General qui est fort
malade, il leur a déclaré qu'y ayant deux partis chez
eux, sçavoir de Jansenistes & de gens qu'on accusoit
de Socinianisme, il leur conseilloit de ne mettre dans
les premieres charges aucun qui fut soupçonné d'être
de party; il leur a même designé en particulier leur
General qui, pour avoir fait paroître trop de foi-
blesse, devoit non seulement n'estre point continué
dans son Generalat, mais même n'estre point admis
dans les charges d'Assistant & de Visiteur. En effet,
cela vient de s'executer dans l'élection qu'on a faite
d'un nouveau General. Mr. l'Abbé Cheron Official
de l'Archevêché, a esté present à leur Chapitre comme moderateur de la part de Mr. l'Archevêque, &
l'on ne doute point qu'ils n'executent le reste selon
qu'il leur a esté prescrit.

On m'a assuré, que nos amis avoient eu le dessus
dans cette affaire. Un des Visiteurs de cette Congregation, lequel s'estoit declaré fortement contre la
doctrine de S. Augustin en faveur des Peres Grecs,
est exclus par ce moyen de toutes les hautes charges.
Ce Religieux qui a du merite & qui estoit autrefois
si fort affectionné à nos interests, a composé en François une Paraphrase de l'Epître aux Romains, où il
ne s'éloigne pas seulement de S. Augustin, mais il
pretend qu'il n'est nullement parlé de la predestination & de la reprobation dans cette Epître. L'on a
em-

empêché qu'il ne publiast la Paraphrase. Je crois
même que cet Ouvrage a esté une des plus fortes raisons qu'on ait euës pour l'accuser de Socinianisme :
quoy qu'il en soit, tout ce détail montre évidem-
ment que les affaires ne sont point aujourd'huy dans
la même situation qu'elles estoient lors que nous
avons écrit contre les Jesuites. C'est pourquoy il est
d'une necessité absoluë d'ajouter de nouvelles pieces
à la Bibliotheque de nos Auteurs pour destruire ce
party.

Il est à craindre qu'il n'arrive à nos anciens Ouvrages, lors qu'ils paroîtront de nouveau, ce qui est arrivé à ceux d'Aurelius, dont bien des gens ne parlent
presentement qu'avec mépris. Vous sçavez l'estime
que nous en avons toûjours fait : nous ne croyions
pas qu'il y eût dans l'Eglise un plus habile Theologien que celuy qui en est l'auteur : sa reputation
estoit alors si grande, que le Clergé de France fit imprimer ce gros Livre à ses dépens. Nous avions en ce
temps-là presque tout ce qu'il y avoit d'habiles gens
de nostre costé contre le Pere Sirmond : les choses
ont bien changé de face depuis. Il semble qu'on ne
parle plus d'Aurelius, que pour le refuter ; & il se
trouve même icy des personnes qui disent qu'on le
doit conserver dans les Bibliotheques, pour servir à
la posterité d'une preuve manifeste de l'ignorance ou
plûtost de l'entêtement des Jansenistes. Il nous est
d'une grande importance de ruiner dans la nouvelle
Bibliotheque ce tiers parti, qui condamne également
les Jesuites & les disciples de S. Augustin.

Je suis fort trompé si nous ne perdons à l'avenir ce
qui nous reste de bons amis chez les Chanoines Reguliers. La Cour s'estant une fois meslée de leurs
affaires par l'ouverture qu'ils luy ont donnée, elle
continuera de le faire dans le Chapitre prochain.
Monsieur de Paris, qui sera authorisé du Roy, ne
manquera point de leur donner à l'avenir un Abbé,
& de leur marquer les personnes qu'il jugera capables

 d'estre

d'estre dans les premieres places. Par ce moyen les disciples de S. Augustin, qui sont encore les plus forts dans cette Congregation, seront humiliez. Ils seront bannis des grands emplois sans qu'ils osent rien dire ; en un mot, ils deviendront comme les Peres de l'Oratoire, qui n'ont presque personne chez eux qui soit distingué du commun. Ce corps qui estoit autrefois si zelé pour la bonne doctrine, est maintenant tout devoüé aux Jesuites : le petit nombre d'élus qui reste est relegué dans des lieux fort éloignez de Paris ; leur General, qui a fait paroître en bien des occasions trop de fermeté, a eu ordre depuis peu de jours de se retirer dans le fond de l'Auvergne, avec defense de se mêler en aucune maniere des affaires de la Congregation.

Nous avions conçû de tres grandes esperances de ce Generalat, la famille de Sainte-Marthe n'estant pas moins ennemie des Jesuites que la vôtre : mais Dieu, qui nous a voulu humilier, nous a privez entierement d'un corps qui estoit capable de faire de grands progrés dans l'Église. Nous regardions les Colleges que les Peres de l'Oratoire ont dans plusieurs bonnes villes du Royaume comme des moyens sûrs, pour établir nôtre doctrine dans une partie de la France : mais nos desseins n'ont point reüssi. La precipitation avec laquelle nous avons conduit cette grande affaire nous a tellement abbatus, qu'il n'y a gueres d'apparence que nous nous relevions jamais de ce costé-là. Je pense que vous estiez dans Paris quand on delibera au Conseil du Roy d'ôter à l'Oratoire les Classes de Philosophie & de Theologie, afin que cette Congregation n'eût plus d'occasion à l'avenir d'enseigner, comme ils parlent à la Cour, aucune mauvaise doctrine. L'on me dit même en ce temps-là, que si le Pere La Chaise y eût esté plus chaudement qu'il ne fit, la chose auroit esté arrêtée. Vous pouvez juger de là que le nombre des personnes qui defendent la bonne cause est bien dimi-

minuë par l'abbaissement de ces deux Congrega-
tions.

Mais la providence Divine a fait naître en nos jours
une autre Congregation qui appuye bien plus fortement nos interests. Vous voyez bien que je veux parler de la reforme des Benedictins par la Congregation
de Saint Maur : elle est étenduë dans tout le Royaume où elle possede de tres grands biens : leurs jeunes
Etudians sont élevez selon nos maximes. Il suffit
d'estre Benedictin pour estre ennemy des Jesuites,
à cause des demélez qu'ils ont eu ensemble. Nous
avons même bien sçû faire nostre profit des Livres
que le Pere Hay a écrit contre eux : ils sçavent neanmoins cacher cette haine qu'ils ont pour les Peres de
la Societé, leur General, & leurs Assistans, qui resi-
dent dans l'Abbaye Saint Germain des Prés, rendant
quelquefois des visites au Pere de la Chaise, & par là
ils gaignent ce bon Pere. Ils font aussi leur cour à
Monsr. l'Archevêque de Paris, bien qu'ils ayent un
protecteur qui luy est fort opposé. Si le Pere de
Sainte Marthe avoit sçu pratiquer ces petits ménage-
mens, qui ne coutent rien, il n'auroit pas mis sa Congregation dans l'estat où elle est presentement.

Il sera bon, Monsieur, de loüer dans la Nouvelle
Bibliotheque les Ouvrages que les Peres Benedictins
donnent tous les jours au public, parce qu'ils copient
souvent les nostres, & que tous leurs desseins tendent
à élever nostre doctrine en abaissant autant qu'ils
peuvent celle des Jesuites. Je ne sçais si vous avez
lû le nouveau Traitté des Etudes Monastiques du Pere Mabillon. Il a pris un grand soin d'y faire valoir
les Livres qui ont esté composez par les nostres, &
d'en recommander la lecture aux jeunes Moines de
sa Congregation. La Theologie Scolastique ayant
apporté du changement dans les derniers siecles aux
veritables sentimens de S. Augustin, qu'on n'en-
seignoit presque plus dans les Ecoles, il n'a rien ou-
blié pour la decrier : On a, dit-il, inseré dans cette

Theologie des raisonnemens *qui sont quelquefois pi-*
toyables, pueriles & indignes de la gravité de nostre
sainte Religion : on s'est même écarté quelquefois de
la tradition en voulant trop philosopher & en negli-
geant l'estude des anciens Peres. Tel passoit pour ha-
bile homme lors qu'il pouvoit estre bon Sophiste. Il n'est
pas concevable en combien d'erreurs ces Theologiens
sont tombez.

Il ne traitte pas mieux les Casuistes criant encore
plus fortement contre eux que contre les Scolasti-
ques. Comme ce Livre ne paroitra peut-estre pas si-
tost dans le lieu où vous estes, je vous envoye un extrait de ce qu'il dit de ces Casuistes, & où il ne fait
que repeter ce que nous avons objecté tant de fois
aux Jesuites : *bien loin donc que l'étude des Casuistes*
soit un bon moyen pour apprendre la morale Chrestien-
ne, il n'y a presque rien au contraire de plus dange-
reux que de les lire tous indifferemment, & on se met
en danger de se gâter l'esprit & le cœur si on ne sçait
distinguer les bons d'avec les mauvais. Il y a beau-
coup plus de profit à lire les Offices de Ciceron, qu'à
estudier certains Casuistes. Y eût-il une regle plus juste
dans ces Casuistes en matiere de probabilité que celle
de Ciceron, qui est de se garder de toutes les choses dont
on est en doute si elles sont justes ou fausses. Il est aisé
de juger que par ces mauvais Casuistes il indique les
Jesuites : la suite même de son discours le montre
evidemment, lors qu'il fait parler Monsr. Godeau
dans l'Epitre que ce Prelat a mise au devant de sa version du Nouveau Testament. Car il est hors de doute
qu'il a attaqué en ce lieu là les Casuistes des Jesuites.

Nous ne sçaurions crier assez contre les Scolasti-
ques & les Casuistes, vous sçavez que cela nous a tres-
bien reüssi dans les commencemens. Les gros Livres
de Suarés & de Vasqués, & de quelques autres Jesuites, vinrent à un si vil prix à cause du mépris que
nous en avions fait, qu'on ne les regardoit plus : mais
les choses ont changé depuis quelque temps : je vois
qu'ils

Mabill.
Estudes
Monast.
part. 2.
chap. 6.

Ib.ch.7.

Cicer.
lib.1. de
Offic.

qu'ils sont presentement recherchez, parce qu'on y trouve une Theologie complete & assez bien appuyée, sur tout dans Vasqués, qui avoit lû les anciens Peres : la faute que nous avons faite est de n'avoir pas donné au public un corps de Theologie, pour opposer à ces Jesuites & au Pere Petau. Nous nous sommes flattez pendant quelque temps, que le Pere Desmarest, qui a employé plusieurs années à cela, effaceroit tous les Theologiens des Jesuites ; mais ce grand dessein n'a point reüssi. De plus quelque effort que nous ayons fait pour ruiner le Livre de Sanchés *de Matrimonio*, les plus habiles gens, même parmy nous, le lisent plus qu'aucun autre Casuiste, & ils en parlent avec estime, parce que ce Jesuite possedoit parfaitement le droit Canonique dont il avoit fait une étude particuliere.

On revient tous les jours des prejugez que nos petits Livres François avoient laissez dans l'esprit de plusieurs personnes. Un homme qui n'est pas de nos ennemis me disoit il y a peu de temps, qu'avant qu'il fût peu d'années les Livres de Messrs. de Port Royal seroient tout à fait dans l'oubly. Il ne sçavoit pas que vous travailliez à les faire revivre dans vôtre Nouvelle Bibliotheque : mais aprés tout, il me semble que la plus part estant sur la controverse, & estant écrits en François, ils n'iront pas bien loin. Les Controverses, principalement sur des matieres aussi abstraites, que sont celles qui regardent la Grace & la Predestination, ne sont plus à la mode. Quand il y aura d'autres gens que des Jesuites qui entreront en dispute avec nous, on les écoutera : il y aura tout à craindre alors pour la doctrine de S. Augustin.

Ce qu'il y a encore de plus fâcheux pour nous, c'est que nous n'avons pas assez pensé de quelle importance il estoit pour établir nos opinions, de composer une nouvelle Histoire Ecclesiastique : car à vous dire la verité, c'est bien peu de chose que l'Histoire Ecclesiastique de Monsr. Godeau, qui n'est pas

quel-

quelquefois bon traducteur des Auteurs Latins qu'il copie : Il est si peu exact dans la Geographie, qu'il confond ordinairement Toul & Tulles , qui sont neanmoins deux villes bien éloignées l'une de l'autre. L'Ouvrage de Monsr. de Tillemont , que nous avons tant vanté, n'est point un corps d'Histoire Ecclesiastique : ce sont des Actes tant bons que mauvais joints ensemble , *Scopa dissoluta* , tout cela fait dire à ceux qui nous connoissent à fond, qu'il est impossible que nous subsistions long temps dans le monde , parce que nous n'avons rien produit qui puisse estre de durée. Vostre nouvelle Bibliotheque n'estant qu'un recueil de pieces de cette nature , elle n'aura pas apparemment un autre sort.

Je ne vois que les Benedictins de la Congregation de Saint Maur , qui soient capables de conserver à la posterité nos bons sentimens ; car outre que cette Communauté ne manquera jamais , ils ont pris la veritable voye de rendre leurs Ouvrages immortels. Le succés qu'ils ont eu dans leur nouvelle Edition de S. Augustin les a fait penser à donner la plus part des autres Peres , au moins les principaux tant Grecs que Latins. Ils songeoient aussi à donner une nouvelle Edition des Conciles avec des Notes qui nous auroient esté favorables , principalement sur les Conciles d'Afrique. Monsr. l'Archevêque de Rheims en parla il y a quelques années au Pere Mabillon, qui avoit accepté sa proposition avec quelques autres de ses Confreres ; mais les Jesuites , qui sçavoient de quelle importance estoit cette affaire , ne perdirent point de temps. Ils en parlerent à Monsieur de Paris, qui les a chargé de cette édition. Le Pere Hardouïn , qui y travaille , est rempli de grandes idées : je ne sçais quand il les produira au dehors.

Il faut avoüer cependant que ceux qui connoissent à fond les Benedictins doutent qu'ils soient capables de toutes ces entreprises : ils disent , que si leur S. Augustin a eu un grand cours , ils nous en sont

obli-

obligez ; que leur S. Ambroise ne se vend point ; que l'essay qu'ils ont publié de leur S. Hierôme est plein de fautes ; ceux qui sont chargez de cette Edition n'ayant jamais lû les Ouvrages de ce Pere, & n'ayant qu'une connoissance tres mediocre de la langue Ebraique. Pour ce qui est des Peres Grecs, ces Moines ont fait courir la premiere feuille de S. Athanase, où l'on a trouvé à redire dés la premiere periode qui estoit mal traduite. Peut-être eût-il esté plus à propos de suivre la version de Nannius, qui a tres bien entendu les deux Langues, & de ne la corriger qu'aux lieux où elle approche trop de la Paraphrase. Il n'y avoit aucune necessité de la refondre entierement.

Ceux qui n'aiment pas la multiplication des Livres estoient d'avis que ces Religieux ne publiassent sur les Peres, que ce qu'ils avoient de particulier, & qu'ils en fissent une espece de *Spicilegium*, ajoûtant des Notes Critiques aux endroits où leurs manuscrits leur fournissoient des diverses leçons qui meritoient d'estre observées. On m'a assuré qu'il y a dans Paris une personne qui lit avec soin leurs nouvelles Editions, pour en extraire ce qu'elles renferment de particulier, & le donner au public : ce qui les rendra presque inutiles. A vous dire la verité, il y a un grand nombre de fautes dans leurs Notes. Ils ne reüssissent que quand ils copient de bons Auteurs : ils auroient besoin d'estre conduits par des personnes qui fussent plus habiles qu'eux : mais quelques imperfections qu'ayent leurs Editions des Peres, nous sommes obligez de les faire valoir, parce qu'ils nous sont quelquefois favorables dans leurs Notes. Je ne doute nullement que vous ne citiez avec éloge leur S. Augustin & leur S. Ambroise dans vostre nouvelle Bibliotheque, lors que l'occasion s'en presentera.

Nous avons reçeu un peu de confusion dans la publication que le Pere Mabillon vient de faire de son Traitté des Etudes Monastiques. L'idée que nous
avions

avions de sa grande erudition nous avoit engagez à
loüer beaucoup ce Livre avant qu'il parût. Les
Docteurs qui l'ont approuvé, & qui sont de nos bons
amis, ont parlé de l'Auteur comme du plus sçavant
homme qui fût dans le Royaume. Ce modeste Religieux, qui a fait imprimer luy même cette approbation, a esté un peu surpris, quand il a vû que le public jugeoit tout autrement de son Ouvrage que ces
Docteurs. Les Jesuites, qui ont reconnu que ces
loüanges affectées ne tendent qu'à elever les Benedictins au dessus d'eux dans tout ce qui appartient à la
Theologie, n'ont point manqué de relever avec leurs
amis les fautes grossieres dont ce Livre est rempli, &
principalement un certain Catalogue d'Auteurs qui
est à la fin. Il n'y a presque point de page où il n'y ait
des bevuës qui ne se peuvent excuser. En attendant
que vous ayez le Livre pour en juger, je me contente
de vous rapporter celle icy qui est au titre des Peres
Grecs, *S. Ephrem operâ G. L. Gerardi Vossi 3 voll.
Roma*. S'il avoit seulement ouvert le S. Ephrem, il
auroit vû que nous ne l'avons qu'en Latin, le Grec
qui n'a esté jamais imprimé ne se trouvant que dans
les bonnes Bibliotheques.

Quoy que cette faute & une infinité d'autres ne
soient pas pardonnables, il y en a une dans le corps du
Livre d'une bien plus grande importance, & qui est
capable de faire revivre la calomnie du Sieur Jurieu,
qui a eu l'impudence de nous accuser de Socinianisme dans *la Politique du Clergé de France*. Ce Pere
a fait dans toutes les formes l'eloge des *Institutions
Theologiques* d'Episcopius, où le Socinianisme, comme vous sçavez, est authorisé. Monsr. Nicole n'eût
pas plûtost appris ce bel eloge, qu'il recommanda
fortement, qu'on en donna avis à l'Auteur, afin de
l'ôter : mais il n'y avoit plus de remede, le Livre
estoit publié. Plusieurs jeunes Abbés avoient déja
demandé à quelques Libraires de Paris avec bien
de l'empressement les Ouvrages de cet Arminien,

dont le Pere Mabillon conseilloit si expressément la lecture, c'est un grand bonheur que les Libraires n'en ayent aucun exemplaire, n'y ayant point de Theologien qui soit si fort opposé à la doctrine de S. Augustin, & même à celle de toute l'Eglise qu'Episcopius, qui a même introduit dans son parti la tolerance des Religions.

Voicy, Monsieur, l'extrait de ce Pere : *Je ne sçaurois m'empêcher de dire icy, que si l'on avoit retranché quelques endroits des Instructions Theologiques d'Episcopius, dont Grotius faisoit tant de cas, qu'il les portoit par tout avec luy, on s'en pourroit servir utilement pour la Theologie. Cet Ouvrage est divisé en quatre Livres, dont l'ordre est tout different de celuy qui est communement en usage. Le stile en est beau; la maniere de traitter les choses répond fort bien au stile, & on ne perdroit pas son temps à le lire si on l'avoit purgé de quelques endroits où il parle contre les Catholiques, ou en faveur de sa Secte.* Quelle purgation, je vous prie, peut-on faire d'un Auteur qui met en doute les mysteres de la Trinité & de l'Incarnation, ne jugeant pas que la creance de ces mysteres soit necessaire au salut, parce qu'on ne les trouve pas selon luy clairement dans l'Ecriture. Il fait le même jugement de nos autres mysteres : d'où il conclut, qu'on n'a aucune raison de rejetter de sa Communion les Sociniens.

Le Pere Mabillon seroit plus excusable s'il n'avoit pas lû le Livre d'Episcopius : mais il a témoigné luy même qu'il l'avoit emprunté du Bibliothecaire de Monsr. l'Archevêque de Rheims, & qu'il l'a gardé plus de deux mois. L'éloge qu'en a fait Grotius l'a apparemment trompé, n'ayant point pris garde que l'un & l'autre sont Arminiens, & qu'ils ont même souffert beaucoup du costé des Calvinistes leurs persecuteurs. J'aurois souhaité, Monsieur, que vous n'eussiez pas marqué tant d'estime pour Grotius; car la lecture de ses Livres est capable de nous détruire.

Il est vray que les Arminiens vous ont esté d'un tres grand usage pour la composition du *Renversement de la Morale* par les Calvinistes ; mais cela ne vous doit point empêcher d'inserer quelque mot dans la nouvelle Bibliotheque, qui fasse connoître aux nostres, que la lecture de Grotius est tres dangereuse. Sçavez-vous que Monsr. Faure, le plus habile & le plus judicieux Theologien que nous ayons eu dans nos interests, estoit d'avis de proscrire entierement cét Auteur dans une occasion qui se presenta.

L'Edit de Nantes ayant esté revoqué, & par consequent le Calvinisme estant entierement aboli en France, l'on trouva bon de publier un Catalogue des Livres Heretiques dont on defendoit l'entrée dans Paris, & aux Libraires de les garder, ou mettre en vente. Cela fut executé conformement aux ordres de Monsr. l'Archevêque & de Monsr. le Procureur General. Monsr. Faure, qui estoit amy du dernier, ayant esté employé à dresser ce Catalogue, y avoit mis Grotius tout ennemy qu'il est des Calvinistes : les Libraires ont bien eu de la peine à le sauver. L'experience doit nous apprendre qu'il est de nostre interest de le décrier : car c'est par son moyen que le Pelagianisme, ou, comme la plus part des nostres parlent presentement, le Socinianisme, s'est introduit dans la Congregation des Chanoines Reguliers de S. Augustin. Ceux qui en font profession ne se cachent point. Il y en a même un d'eux lequel est d'une pieté exemplaire, qui lit avec application les Peres Grecs pour les opposer à S. Augustin qu'il a lû autrefois exactement. Ce Religieux, qui a esté cy-devant fort attaché à nos sentimens, est devenu nôtre ennemy ; il témoigne à ses amis que la lecture de Grotius a commencé à luy ouvrir les yeux : Il faut, dit-il quelquefois, que le party de Monsr. Arnaud soit bien entesté pour soûtenir avec tant d'opiniatreté les opinions de S. Augustin, qui ne sont plus defenduës qu'à Geneve & dans quelque coin des Païs-bas.

Il n'est pas le seul de sa communauté qui parle de cette maniere : plusieurs y dogmatizent ; & il y en a quelques uns qui lisent en particulier les Oeuvres de Courcelles, qui renferment en abregé la Theologie d'Arminius, & une bonne partie de celle des Sociniens. Il est bien à craindre que les loüanges excessives que le Pere Mabillon a données aux Institutions Theologiques d'Episcopius ne fasse naître l'envie à quelques Benedictins de chercher ses Ouvrages, ou d'avoir la Theologie de Courcelles. Jugez quel effet cela pourra faire dans ce grand corps, qui est le seul qui nous reste. Je ne vous parle point des jeunes Abbés, & des autres jeunes gens qui étudient la Theologie : il est vray que la plus part lisent avec plaisir les livres que vous publiez tous les jours contre les Jesuites parce qu'ils ne les aiment point, & que la plus part ne reçoivent point d'eux ce qu'ils en avoient esperé. Croyez moy, quand ils verront ces gros Ouvrages *in folio* sur la Grace, qui feront la meilleure partie de nostre Bibliotheque, ils en seront rebuttez ; ils n'auront point le même effet que les petites feuilles volantes qui se vendent sous le manteau.

Quand nous avons commencé à écrire contre les Jesuites, l'on estoit fort prevenu en faveur de S. Augustin : mais les livres des Sociniens & des Arminiens, qui se sont répandus depuis ce temps-là dans Paris, ont bien changé l'estat des choses. Quelque effort que vous fassiez dans vostre Bibliotheque vous aurez de la peine à remettre les affaires dans leur premiere situation. Monsr. Dupin n'est point assurement Jesuite : il est au contraire leur ennemi declaré ; & cependant voyez quel jugement il a fait de S. Augustin dans sa Bibliotheque : il ne paroit pas éloigné des idées de Monsr. de Launoy. D'où pensez vous que le Pere Vassor a tiré une bonne partie des Ouvrages qu'il a donnez au public : la lecture des Arminiens & des Sociniens luy a servi merveilleusement sur tout dans sa Paraphrase de l'Epître aux Ro-

Romains. Il avoit mis à la teste de cette Paraphrase
une longue Préface contre le Traitté du P. Quesnel
de la Tradition de l'Eglise Romaine sur la Predestina-
tion des Saints, & sur la Grace efficace. Ceux qui
ont lû cette Préface disent qu'elle est forte ; mais
quelque instance qu'il ait fait, il n'a pû en obtenir
l'approbation de Mr. Coquelin, qui craignoit qu'on
ne l'attaquast personellement. Il en court des exem-
plaires en manuscrit dans Paris, & comme il a quitté
depuis peu l'Oratoire afin d'estre plus libre, il fait
sa Cour fort assidüement au Pere la Chaise, qui luy
donne de grandes esperances.

Au reste, les Docteurs établis de la part de Monsieur le Chancellier pour revoir les Livres de doctrine nous sont assez favorables, principalement depuis
que vous en avez attaqué nommement quelques-uns.
Ils disent nettement qu'ils ne veulent point s'attirer
les Jansenistes sur les bras ; mais dans le fond, ce
n'est qu'un pretexte qu'ils prennent. Il est certain que
les principaux sont à nous, parce qu'ils nous ont
l'obligation de leur élevation. Quand l'occasion se
presente de nous favoriser, ils se mettent peu en peine
de tenir ferme contre Monsr. l'Archevêque de Paris
& contre le Pere La Chaise, s'il arrive qu'il se mêle
de ces sortes d'affaires. Ils pretendent être les maitres de la doctrine en fait de Theologie par ordre de
la Cour. Cet ordre, qui n'est que de police, nous
est d'une grande utilité, même pour l'entrée & le
debit de nos livres. Monsr. le Syndic de la faculté,
qui a droit de porter ses plaintes au Juge de Police,
pour empêcher les Libraires de les vendre, ferme
souvent les yeux : Il use au contraire de rigueur contre ceux qui ne sont pas dans nos interests, s'il trouve
le moindre défaut.

Cela me donne occasion, Monsieur, de vous de-
mander ce que vous pensez du pouvoir que ces
Docteurs nommez par la Cour pour revoir les livres
de Theologie ont sur tout ce qui regarde la doctrine

dans

dans le Royaume. Quelques mal-intentionnez ont
voulu que vous les faſſiez entierement les maitres de
la doctrine au grand mepris des Evêques : les raiſons
qu'ils alleguent ſont tirées de ce que vous avez avancé dans voſtre *defenſe des Verſions* contre Mr. Cheron
Official de Paris. Il ſemble en effet que vous preten-
diez en ce lieu-là, que les Evêques ne peuvent point
empécher dans leurs Dioceſes l'impreſſion des tra-
ductions de la Bible & des Offices de l'Egliſe en langue vulgaire, lors qu'ils le jugent à propos. Vous y
dites que l'uſage du Royaume eſt tout à fait contraire, parce qu'on n'a point recours aux Evêques pour
l'impreſſion de ces ſortes de livres, qu'il ſuffit qu'ils
ayent eſté approuvez par les Docteurs, & qu'on ait
obtenu le privilege du Roy ſur leur *viſa*.

Il eſt vray, dit-on, que c'eſt là l'uſage ordinaire :
mais cet uſage ne doit pas priver les Evêques du pouvoir qu'ils ont de droit dans leurs Dioceſes, & qui
leur eſt donné par les Conciles ſur tout ce qui appartient à la doctrine. S'ils n'uſent point de leur droit,
c'eſt qu'ils veulent bien s'en rapporter aux Docteurs
& il leur eſt toûjours libre d'en uſer quand il leur
plaira. Eſtant les Inquiſiteurs nés de tout ce qui ſe
fait dans leurs Dioceſes ſur les matieres de la Religion. Vous n'ignorez pas ce qui s'eſt paſſé autrefois
entre la faculté de Theologie & Monſieur de Gondi
Evêque de Paris, à l'occaſion du Jeſuite Maldonat,
accuſé d'hereſie, pour avoir enſeigné publiquement
qu'il n'eſtoit pas de foy, que la Vierge eut eſté conçue
ſans peché originel. L'Evêque ayant luy-même voulu juger de cette accuſation malgré les oppoſitions
des Docteurs qui ſe croyoient maitres de la doctrine,
declara Maldonat abſous de l'hereſie qu'on luy impu-
toit fauſſement. Ces Theologiens, qui eſtoient per-
ſuadez que le jugement de l'Evêque avoit donné atteinte à leurs privileges, s'eſtant aſſemblez au moins en 1573.
au nombre de cent, arreſterent preſque tous d'une
voix commune, qu'il eſtoit de foy que la Vierge
n'avoit

n'avoit point esté conçuë en peché originel. C'estoit,
comme vous voyez, en quelque maniere decider que
leur Evêque estoit heretique, ou au moins fauteur
d'heretiques, ayant absous Maldonat, qui avoit enseigné selon eux une heresie dont il ne voulut pas se
retracter. Mais ce Prelat, qui estoit parfaitement
instruit de son droit, excommunia le Doyen & les
autres principaux Membres de la faculté de Theologie, qui furent obligez d'avoir recours au Parlement
où ils furent absous de leur excommunication *ad
cautelam.*

Je ne vous ay rapporté cette histoire, que pour
vous faire voir ce qu'on oppose à vos maximes qu'on
pretend estre injurieuses aux Evêques dont vous ta-
chez, dit-on, de diminuer l'authorité, pour vous
mettre plus facilement à couvert de leurs censures.
Quelque éclaircissement que vous ayez donné à ce
fait à l'occasion de l'ordonnance de Monsr. de Pere-
fixe contre le Nouveau Testament de Mons; la plus-
part des particuliers se soumettent en cela à leurs
Evêques. Monsr. l'Evêque de Sées s'estant avisé depuis peu d'années de condamner nostre Version du
Nouveau Testament à la sollicitation des Jesuites,
ceux qui sont les plus attachez à vos interests reçu-
rent sa censure avec une parfaite soumission. Cependant cette Ville où Monsr. le Noir a fait de si grands
fruits est remplie de gens qui soûtiennent avec vi-
gueur la bonne cause. Les Peres Benedictins qui y
possedent en titre une Abbaye, ne contribuent pas
peu aussi de leur costé à faire recevoir comme des
Oracles tous vos écrits. Mais il y a, je ne sçay quoy,
dans les François qui les porte à recevoir sans aucune
contrainte les ordres qui leur sont donnez par leurs
Superieurs legitimes : ce qui fait dire à vos ennemis
que les maximes qui se trouvent répanduës dans vos
livres sont plus propres à des Republicains, qu'à des
personnes qui sont nées dans une Monarchie. Cét
homme, ajoûtent-ils en parlant de vous, feroit des
                                                    mer-

merveilles dans la Chambre basse du Parlement de
Londres. Il crieroit bien fort *Lex Rex*, & non pas
Rex Lex. Il ne parle que de Canons & de Loix qu'il
faut observer, & auxquelles les Puissances mêmes
doivent estre soûmises.

Ce n'est pas, Monsieur, que ces gens-là ne croyent
aussi bien que vous qu'on doit se conduire, principalement dans les affaires Ecclesiastiques, selon les Canons : mais ils disent, que ce n'est pas à un particulier, comme vous, à imposer la Loy a tout le monde.
Ils vous permettent de proposer vos raisons dans toute leur force, mais ils veulent qu'après cela vous
vous soûmettiez aux decisions de vos Superieurs ;
parce qu'autrement il n'y auroit jamais de fin aux
disputes ; ils pretendent que cette distinction de
questions de droit & de fait à laquelle vous avez eu
recours n'a aucune solidité, puis que vous devez connoître que lors qu'il s'éleve des difficultés sur les matieres de la Religion, l'Eglise a le pouvoir de les
terminer : qu'il s'agisse d'un droit ou d'un fait, il
n'importe. C'est assez que la chose trouble le repos
public pour y apporter le remede necessaire, ce qui
ne se peut faire que par une decision. Ce n'est point
à nous à examiner si elle est infaillible ou non dans sa
decision. Combien y a-t-il de decisions où les Conciles mêmes œcumeniques n'ont pas esté infaillibles,
auxquelles neanmoins on s'est soûmis pour le bien de
la paix.

L'Auteur de l'Histoire Critique des Religions du
Levant semble prouver assez bien que le Nestoria-
nisme & l'Eutychianisme ne sont que des heresies
imaginaires, si on les examine selon les loix rigou-
reuses ; parce que ceux qui font profession de ces
deux sectes ne sont point veritablement dans les sentimens condamnez par les Conciles. Un Theologien,
qui avoit leu cette petite Histoire, me disoit il y a
peu de jours, il est de ces deux heresies comme du
Jansenisme, que Monsr. Arnaud a eu raison de trait-

ter

ter de phantôme selon les regles de la Critique : mais
il ne s'ensuit pas pour ce qui est de la pratique, qu'on
ne soit obligé de se soûmettre à l'Eglise quand elle a
une fois prononcé là-dessus ; d'où il concluoit, que
vous n'estiez pas moins obligé de souscrire à la condamnation de Janfenius, l'Eglise prononçant, qu'à
celle de Nestorius & d'Eutyches. Il ajoûtoit, que
vous aviez vous même appuyé ce sentiment au regard des Eutychiens dans vos responces à Mr. Claude. Ce Ministre vous ayant objecté que les Eutychiens ne pouvoient pas tenir la transsubstantiation,
puis qu'ils croyent que n'y ayant en Jesus-Christ que
la nature Divine, il n'a point de veritable corps,
vous luy avez respondu doctement, que les principaux de cette secte ont protesté dans le Concile de
Calcedoine, qu'ils n'admettoient ni confusion, ni
mélange, ni division de natures dans Jesus-Christ.

Ce n'est donc, continuoit ce Theologien, que par
un mal entendu que les Eutychiens ont esté condamnez dans ce Concile selon même les principes de
Monsr. Arnaud. Si son Evêque ou le Pape vouloient
l'obliger à souscrire à la condamnation des Eutychiens, en feroit-il quitte pour dire qu'Eutyches n'a
jamais cru ce qu'on luy impute, que les propositions
condamnées dans le Concile de Calcedoine ne font
point dans le sens d'Eutyches. Je vous avouë que
cette comparaison de Janfenius & d'Eutyches avec
les circonstances que je viens de vous marquer, m'a
embarassé ; car d'un costé je ne voulois point qu'on
me crût un Eutychien, sur tout aprés que le Pape
S. Leon a condamné si hautement cette heresie, qui
ne peut plus par consequent passer pour un phantôme. D'autre part, je ne pouvois pas douter que le
Janfenisme ne fût un veritable phantôme aprés tout
ce que vous avez écrit sur cette matiere. J'eus donc
recours à la Lettre de Monsr. d'Alet à Mr. de Pere-
fixe, que vous avez inserée dans vostre phantôme du
Janfenisme. Je luy dis, que bien que l'Eglise ne soit
                                                    point

point infaillible dans la decision des faits, & qu'elle n'en puisse par consequent exiger la creance par sa seule autorité, il y en a neanmoins de si évidens par toutes les circonstances qui les accompagnent qu'on ne peut raisonnablement en douter, & qu'on est obligé de les croire non en vertu de l'autorité de la decision, mais par les raisons de certitude & d'évidence qui s'y trouvent jointes.

C'est là, me répondoit un autre Theologien, un de ces lieux communs de Mr. Arnaud qui ne prouvent rien, ou qui prouvent trop : car il n'y a point d'heretiques qui ne puissent s'en servir pour authoriser leur doctrine, y en ayant tres peu qui n'ayent assez d'adresse pour reduire à des questions de fait les articles qui les separent des Catholiques. Sans sortir, me dit-il, de l'exemple des Eutychiens, je vous demande si le fait de ces Sectaires est si notoire & si evident par toutes les circonstances qui l'accompagnent qu'on ne puisse raisonnablement en douter. Je n'ay pas osé luy répondre que ce fait estoit evident, puis qu'il est aisé de montrer par les actes mêmes qui nous restent, qu'ils ont esté condamnez dans un sens qu'ils pretendent estre éloigné de leur veritable sentiment. Il en est de même, ajoûta-t-il, du fait des Nestoriens qui n'est pas si evident qu'on ne puisse raisonnablement en douter. Si l'on vouloit obliger Mr. Arnaud de souscrire à la condamnation de ces Sectaires, dira-t-il que l'Eglise n'est point infaillible dans la decision de ces sortes de faits, & qu'ainsi elle ne peut pas en exiger la creance par sa seule autorité. Cet homme qui est de ces gens du tiers party lesquels ont des manieres de raisonner bien differentes de celles des Jesuites, & qu'ils appuyent neanmoins toûjours sur des actes, me dit, que vous n'estiez pas de bonne foy quand vous vous mettiez à couvert de l'autorité de S. Augustin pour ne paroitre pas Calviniste. Il pretend que quand une heresie a esté une fois condamnée l'on n'est plus reçeu à prouver qu'on n'est point he-

B

reti-

retique pour cette seule raison qu'on est conforme
à quelque ancien Pere : ce qu'il montre clairement
sans sortir de l'exemple des Nestoriens & des Eutychiens. En effet les propres termes d'Eutyches se
trouvent dans quelques Peres orthodoxes plus anciens que luy. S'il prenoit envie aujourd'huy à quel-
qu'un de soutenir les opinions de ce Sectaire sur la
seule autorité de ces anciens, on ne laisseroit pas que
de luy faire son proces comme à un veritable Eutychien. Il en est de même de Nestorius, jusques là
qu'il y a d'anciens Auteurs tres orthodoxes, & qui
ont même écrit contre ces heresies, lesquels ont assuré que S. Cyrille est le premier qui ait parlé de l'u-
nion selon l'hypostase, de laquelle union l'on ne
trouve rien dans les Conciles œcumeniques avant celuy d'Ephese. Seroit-on reçeu presentement à defen-
dre sous ce seul pretexte les sentimens de Nestorius ?
nullement ; car quand une chose a esté une fois deci-
dée apres un veritable examen où l'on a discuté les
raisons de part & d'autre, sur tout dans un Concile
general, il n'est plus permis aux particuliers, pour
ce qui est de la pratique, de tenir contre la decision.

Remarquez bien, s'il vous plaist, ce terme *pour
ce qui est de la pratique* ; car ces Theologiens croyent
qu'on peut examiner en son particulier ces sortes de
faits selon les regles de la critique de la maniere qu'elles sont traittées dans l'Histoire des Religions du Levant ; mais que ces speculations ne doivent jamais
passer en pratique, c'est à dire qu'on doit estre toûjours soûmis à la definition de l'Eglise pour le bien
de la paix. Sur ce principe, qu'ils croyent bien établi, ils disent qu'il n'y a que des broüillons qui soient
capables d'opposer l'authorité de S. Augustin dont il
n'est plus question presentement, à ce qui a esté ar-
resté contre les Calvinistes & les Jansenistes. On n'a
pas écouté Luther lors qu'il a pretendu qu'il n'avoit
aucuns sentimens particuliers sur le libre arbitre, &
qu'il n'avoit rien avancé là dessus qu'il n'eût lû au-
para-

paravant dans S. Auguſtin. Melancton ſon apolo-
giſte n'a t-il pas reproché avec fierté aux Theologiens de Paris qu'ils n'avoient jamais lû ce Pere, &
qu'ils eſtoient de vrais Pelagiens. Bucer & Calvin
ont tenu les mêmes diſcours contre les Catholiques
ſans qu'on y ait eu aucun égard. Il eſt même arrivé
depuis que Melancton & enſuite tous les Lutheriens,
apres avoir fait reflexion ſur les propoſitions dures
que leur Patriarche avoit debitées apres S. Auguſtin,
les ont abandonnées entierement. Il paroît auſſi des
livres de Daillé & de quelques autres ſçavans Calviniſtes, que les plus habiles de ce party ne ſoutiennent
plus les opinions de Calvin & de S. Auguſtin.

Tout cela, diſent les gens du tiers party, devroit
ouvrir les yeux à Monſr. Arnaud qui paſſera toûjours
pour Calviniſte, quelque effort qu'il faſſe pour montrer qu'il n'a point d'autres ſentimens que ceux de
S. Auguſtin. Je leur ay demandé s'ils croyoient, que
lors qu'on a condamné à Rome Janſenius, on ait eu
deſſein de condamner en même temps S. Auguſtin;
à quoy ils ont répondu, que ne s'agiſſant nullement
de ce Pere, mais ſeulement de l'Evêque d'Ypres, on
n'avoit point pretendu faire le procés à S. Auguſtin;
que c'eſtoit un uſage reçû de ne point toucher aux
anciens Peres qui avoient ſervi l'Egliſe contre les heretiques de leurs temps, ſans prevoir que d'autres
heretiques dans la ſuite abuſeroient de leurs paroles,
comme il eſt arrivé aux Calviniſtes & aux Janſeniſtes
qui ont broüillé l'Eſtat & l'Egliſe ſous pretexte de
ſuivre la doctrine de S. Auguſtin. Ce qui n'eſtoit
plus de ſaiſon, pour faire voir qu'ils n'avancent rien
qui ne ſoit bien fondé, ils donnent pour exemple
S. Chryſoſtome, où l'on trouve au regard des deux
perſonnes en Jeſus-Chriſt les mêmes expreſſions que
dans Neſtorius. Or, diſent-ils, ſi Monſr. Arnaud,
qui a établi pour principe qu'en matiere de faits l'autorité de qui que ce ſoit ne peut empeſcher qu'on
n'examine ce qui eſt dans la verité, vouloit prendre le

 par-

party des Neftoriens, fous pretexte que c'eft la pure
doctrine de S. Chryfoftome, feroit-il écouté à Rome? N'auroit-on pas raifon de luy dire, qu'il eft un
broüillon voulant faire revivre le Neftorianifme qui
a efté condamné par un Concile general? Voila d'un
cofté Neftorius & S. Chryfoftome, & de l'autre Janfenius & S. Auguftin en parallele.

Le paffage de S. Chryfoftome fur lequel ils s'ap-
puient pour montrer que ce S. Evêque tient le même
langage fur les deux perfonnes de Jefus-Chrift, que
Neftorius, eft pris de fon Homelie 3. fur l'Epître aux
Ebreux, où ce Pere fait en effet mention en termes
exprés des deux perfonnes, *duo profopa.* C'eft ainfi
qu'on lit dans les editions Greques de Verone & de
Commelin. Nobilius même qui eût bien voulu corriger cet endroit qu'on jugeoit Neftorien à Rome,
témoigne qu'il n'a point lû autrement dans les exem-
plaires MSS. qu'il a confultez. Vous fçavez que les
Jefuites de Paris ont publié depuis peu deux Differtations fur ce paffage, dont l'une eft en François, &
l'autre en Latin, où ils accufent un de nos traducteurs
d'avoir favorifé dans fa verfion Françoife l'herefie
de Neftorius. Une de leur plus fortes preuves pour
montrer que S. Chryfoftome n'a jamais dit qu'il y
eût deux perfonnes en Jefus-Chrift, eft que dans fon
Epître à Cefaire, il reconnoit expreffément deux natures & une perfonne.

Mais ces Theologiens du tiers party qui n'ont pas
plus de confideration pour les Jefuites que pour nous,
ne font aucune difficulté de publier dans Paris qu'ils
n'ont point raifon dans ces deux Differtations; que
cependant le traducteur François ne devoit pas laiffer
cet endroit fans note. Ils vont même plus loin: car
des paroles qui fe trouvent dans l'Epître à Cefaire,
ils en concluent qu'elle n'eft point veritablement de
S. Chryfoftome, mais qu'elle a efté forgée fous le
nom de ce Pere apres la condamnation de Neftorius.
Il n'y a, difent ils, aucune abfurdité à faire parler
                                                S. Chry-

S. Chryfoftome le langage de Diodore de Tarfe , de Theodore de Mopfuefte , & de Neftorius , avant que ce dernier eût efté condamné. L'on ne parloit point alors autrement dans Antioche contre les Ariens & contre les Apollinariftes , pour les convaincre qu'il y avoit en Jefus-Chrift deux effences ou natures veritables ; car c'eft ce qu'on doit entendre par ces deux perfonnes qui ne marquoient autre chofe , finon que Jefus-Chrift eft veritablement Dieu & veritablement homme , comme S. Chryfoftome l'explique luy-même dans fon Homelie fur l'Epitre aux Ebreux. De plus , ajoûtent-ils , les anciens qui ont cité cette Epitre ne conviennent pas entre eux : car les uns la citent comme eftant écrite à Cefaire , & les autres veulent qu'elle ait efté écrite à Acacius. Quoy qu'il en foit , vous pouvez juger de là , que ce tiers party qui fait profeffion de ne chercher que la verité independemment des Jefuites & des Janfeniftes , eft tres dangereux , & qu'il nous eft important que vous preveniez les objections de ces nouveaux Theologiens dans vôtre recueil. On m'a affuré qu'ils travaillent à donner au public une Hiftoire non feulement de tout ce qui s'eft paffé entre eux & nous fur les matieres de la Grace, mais même une Critique de nos principaux ouvrages. Ils pretendent faire voir clair comme le jour, qu'il n'y a eu gueres de bonne foy de part & d'autre , fur tout de nôtre cofté ; que nous fommes plus redevables à nôtre maniere d'écrire qui a plû à tout le monde, des avantages que nous avons remportez fur les Jefuites, qu'à la force & à la verité de nos raifons. Si le Docteur Arnaud , difent-ils , avoit un grain de bonne foy foûtiendroit-il avec autant de chaleur qu'il fait contre toute l'ancienne tradition les fentimens de S. Auguftin, qui eftoit plus propre à faire des leçons de Rhetorique & de Dialectique , que de Theologie ? Ils demandent en quel temps ce docte Pere s'eft appliqué aux matieres de la Religion, pour les vouloir enfeigner aux autres ; il eft entré

   dans

dans les fonctions de la Prestrise & de l'Episcopat &
même dans les disputes avec les heretiques, avant
que d'avoir étudié ce qui regardoit ces emplois. Si
on leur répond qu'il dit luy-même en quelque endroit, que Dieu luy a revelé ce qu'il avançoit, ils
repliquent, qu'on n'est point obligé de croire à ses
revelations s'il ne les appuye sur de bons actes. Le
Docteur Arnaud, ajoûtent-ils, est si delicat là dessus,
que même en fait d'actes, il ne veut s'en rapporter à
l'authorité de qui que ce soit : ni les Peres, ni les
Conciles ne sont point capables de le persuader, s'il
n'est convaincu luy-même des faits par l'inspection
des pieces. Or, disent-ils, nous avons encore aujourd'huy les pieces sur lesquelles S. Augustin a établi ses opinions : c'est à nous à les examiner independemment de toute authorité ce qu'on ne peut faire
sans les condamner en même temps de nouveauté
avec le judicieux Vincent de Lerins.

Ils sont dans cette pensée que le petit Ouvrage qui
a esté composé par cet Auteur contre les heresies, &
qui a esté approuvé generalement de tout le monde,
n'a esté d'abord publié que pour s'opposer aux nou-
veautez de S. Augustin sur les matieres de la grace,
de la predestination & du libre arbitre. Ils assurent
qu'il y est indiqué manifestement au Chapitre 37.
sous ces paroles, *Unde probas, unde doces quod Eccle-*
sia Catholica universalem & antiquam fidem dimit-
tere debeam ? Statim ille scriptum est enim, & con-
tinuò mille testimonia, mille exempla, mille autori-
tates parat de Lege, de Psalmis, de Apostolis, de
Prophetis, quibus novo & malo more interpretatis
ex arce Catholica in hæreseos baratrum infelix ani-
ma præcipitetur. Jam verò illis quæ sequuntur pro-
missionibus miro modo incautos homines hæretici deci-
pere consueverant. Audent etenim polliceri & docere
quod in Ecclesia sua, id est in communionis sua con-
venticulo magna & specialis ac plane personalis quæ-
dam sit Dei gratia, adeo ut sine ullo labore, sine ullo
studio,

ſtudio, ſine ulla induſtria, etiamſi nec quærant, nec
petant, nec pulſent quicunque illi ad numerum ſuum
pertinent tamen ita divinitus diſpenſentur, & ange-
licis evecti manibus, id eſt Angelica protectione ſer-
vati, nunquam poſſint offendere ad lapidem pedem
ſuum, id eſt nunquam ſcandalizentur.

J'eſtois dans le deſſein, Monſieur, de nier abſolument, que Vincent de Lerins parlât en ce lieu-là de
S. Auguſtin, qu'il traitte ouvertement d'heretique,
outrant même ſes ſentimens par des conſequences
ridicules qu'il en tire. Mais on me fit obſerver que
ce n'eſtoit plus Voſſius ni aucun Arminien qui don-
nât ce ſens aux paroles de Vincent, mais le Pere Noris le plus ſavant & le plus zelé defenſeur de la doctrine de S. Auguſtin que nous ayons de noſtre temps.
Il encherit même dans ſon Hiſtoire Pelagienne ſur
ce que Voſſius avoit avancé là deſſus dans la ſienne;
de ſorte qu'il n'y a plus lieu d'en douter. J'eus donc
recours à noſtre reſponſe ordinaire, ſavoir que ce
Vincent a eſté un ſemi-Pelagien ennemy de la grace
de Jeſus-Chriſt. C'eſt une plaiſante hereſie, me re-
pliqua-t-on, que le ſemi-Pelagianiſme : ſur ce pied-
là toute l'Egliſe a eſté ſemi-Pelagienne & ennemie
de la grace de Jeſus-Chriſt avant S. Auguſtin. Cela
eſtant, que deviendra la belle maxime du Pere Lupus
qui n'eſt pas moins Auguſtinien que le Pere Noris?
Ce docte Religieux ne pouvant ſouffrir de certains
Theologiens qui ont oſé aſſurer que les myſteres de
la Religion n'ont pas eſté ſi connus aux anciens Peres
qu'ils l'ont eſté depuis, leur demande par quel canal
la connoiſſance de ces myſteres eſt venuë juſques à
nous, ſi ce n'eſt par le moyen d'une tradition non
interrompuë & fondée ſur de bons actes depuis les
Apoſtres juſques à ces derniers temps, *Quis enim*
admittat fidei noſtræ myſteria antiquis Eccleſiæ Patri-
bus fuiſſe minus explorata? explorata illorum notitia
ſi apud Patres non fuit, è quo cœlo eſt ad nos delapſa?
Nos iſta non ſcimus niſi per legitima ſucceſſionis tradi-

*tionem & firmissimam hanc veritatis regulam, ea
omnia & sola credenda sunt quæ a nostris majoribus,
illi à suis, hi ab Apostolis, Apostoli à Christo, Christus
autem accepit à Deo.*

S'il ne faut croire, disent ces Theologiens du tiers
party, que ce que nous tenons de nos ancestres qui
l'ont apris par une succession de Docteurs qui remon-
te jusques aux Apostres, même jusques à Jesus-
Christ, que les Jansenistes nous fassent voir cette succession dans la doctrine de S. Augustin sur les matieres de la grace, de la predestination & du libre arbitre; & alors nous y donnerons les mains. S'ils ne le
font point, ils ne doivent pas trouver mauvais que
nous preferions le sentiment de toute l'antiquité à
l'autorité d'un seul Evêque, qui a commencé le premier à expliquer l'Ecriture d'une maniere tout à fait
nouvelle, &, comme parle Vincent de Lerins, *novo
& malo more.* Ce n'est pas qu'ils approuvent en toutes choses cet Auteur, car ils disent que le sentiment
de S. Augustin n'ayant esté condamné par aucun Concile, il ne devoit pas si facilement le traitter d'heretique. C'estoit assez de dire qu'il estoit nouveau &
contraire à la tradition.

Cela ne s'accorde gueres, Monsieur, avec ce que
vous avez avancé dans un de vos écrits adressé aux
an 1655. Theologiens de la faculté de Paris, qui venoient de
condamner en corps une de vos propositions comme
temeraire, scandaleuse, & injurieuse au saint Siege
& aux Evêques de France, *Temerariam, scanda-
losam, injuriosam summis Pontificibus & Episcopis
Galliæ.* Vous leur répondites alors judicieusement,
que sur le fait de la grace vous vous estiez attaché
principalement à S. Augustin, que vous n'avez pû
considerer comme Augustin & Docteur particulier,
mais comme un Pere qui a esté preferé par toute
l'Eglise, sur tout par l'Eglise Romaine qui est la mere de toutes les autres, à tous les autres Peres, du
consentement même des Peres, des Conciles & des
Pa-

Papes, *Ubi de divina gratia agitur inter cæteros Patres Augustino potissimum adhærescere didici, ac ne ipsi quidem ut Augustinus ac privatus Doctor, sed ut ab Ecclesia universa & præsertim à Romana omnium matre, & principe, in hoc argumento cæteris omnibus Patribus, perpetua Patrum, Conciliorum ac Pontificum consensione prælatus est.*

J'ay lû, dit un de ces Theologiens du tiers party, contre lequel je m'estois servi de vostre réponse, quelque chose de semblable dans un livre de Monsr. Claude contre Monsr. Arnaud. Ce Ministre, qui n'estoit pas moins habile que luy dans l'art d'imposer à ses lecteurs, employe cette expression pour faire mieux valoir l'autorité de S. Augustin qu'il croyoit luy estre favorable, *S. Augustin Evêque d'Hippone, ou pour mieux dire Evêque de toute la terre.*

Venons au fait, ajoûta-t-il, le Docteur Arnaud qui n'avoit apparemment lû alors que son S. Augustin dont il estoit rempli commence sa tradition par ce Pere sans remonter plus haut : ce qu'on ne peut pas apeller veritablement tradition, puis que la veritable tradition tire son origine de Jesus-Christ & de ses Apostres. Peut-on de plus raisonnablement nommer l'Eglise Romaine du temps de S. Augustin toute l'Eglise, *Ecclesia universa ?* Des Conciles particuliers dont les Canons ne sont composez que des propres paroles de S. Augustin, & dont les disciples estoient l'ame peuvent-ils servir de preuve contre toute la tradition ? Enfin les Papes de nostre temps qui ont condamné Jansenius, lequel n'a enseigné selon les Jansenistes, que la pure doctrine de ce Pere, sont-ils moins Papes que ces anciens qui ont approuvé sa doctrine ? Il en faut, dit ce tiers party, toûjours revenir à la maxime de Monsr. Arnaud qui a remarqué sagement, qu'en matiere de faits, quand on a les pieces en main, on ne doit point s'en rapporter à l'autorité des Papes & des Conciles qui sont faillibles en cela, mais à l'inspection des pieces. Or, si l'on juge

de

Rep. au
2. Trait.
de la
Perpet.
ch. 10.

de la doctrine de S. Augustin par ses Oeuvres qui nous
restent, il est manifestement contraire à toute l'antiquité sur les matieres de la grace. La confiance avec
laquelle il a assuré ce qu'il avançoit a pû imposer aux
Papes, qui n'avoient point examiné ces faits. Il ne
paroît pas avoir eu luy-même la capacité qui estoit
necessaire pour les examiner à fond, puis qu'il n'a
pû consulter les Peres Grecs qui ne font pas moins
une partie de l'Eglise, que les Latins, & qu'il n'a eû
même qu'une connoissance tres mediocre des derniers, comme il est aisé de le justifier par ses propres
ouvrages. C'estoit assez qu'on luy eût donné quelques extraits d'Auteurs qu'il n'avoit point lûs pour
s'en servir lors que l'occasion s'en presenteroit. Il a
cité sur ce pied-là un certain Hilaire schismatique
Luciferien sous le nom de S. Hilaire, & un autre de
la même secte nommé Gregoire sous le nom de
S. Gregoire de Nazianze. Il a mis au rang des Ecri-
vains orthodoxes Theodore d'Heraclée qui a esté de
la faction Arienne.

Je n'aurois jamais fait, Monsieur, si je voulois
vous rapporter en détail toutes les raisons que ces
gens du tiers party produisent pour montrer que
S. Augustin n'a pas eu toutes les qualitez necessaires à
un parfait Theologien qui doit chercher la Religion
dans l'antiquité, & non pas dans les idées qu'il se for-
me. Mais apres tout ils reconnoissent que c'estoit
un grand homme, & que l'Eglise luy a l'obligation
d'avoir terrassé le party de Pelage. S'il n'avoit pas,
disent-ils, esté plus avant on trouveroit encore aujourd'huy une parfaite conformité entre tous les Peres tant Grecs que Latins sur les matieres de la grace;
au lieu qu'ayant inventé un systeme particulier sur
ces matieres, il a donné occasion à de grands diffe-
rens qui ont troublé l'Eglise de temps en temps. Ils
croyent même que c'est luy qui a comme ouvert la
porte à Luther & à Calvin & à quelques autres Sectaires. Un des plus emportez a osé publier dans Paris,

que

que tous vos écrits sur la Grace & sur la Predestination ne tendent qu'à faire revivre le Calvinisme qui
est abbatu, & qu'estant né Huguenot vous mourriez
aussi Huguenot.

Je vous avoüe que m'estant trouvé dans une con-
versation où ces contes de Jesuite se debitoient se-
rieusement, je ne pûs me retenir ; mais un Ecclesiastique qui prit aussi-tost la parole me dit brusque-
ment, Non, non, Monsieur, ce ne sont point des
contes de Jesuite qu'on vous fait. Monsr. de Reü-
court qui est un Gentilhomme d'une grande probité
& qui est fils d'une Arnaude me l'a soûtenu en bonne
compagnie. J'avois proposé à ce Gentilhomme qui
a eu le malheur d'avoir esté élevé dans la Religion
Calviniste, l'exemple de Monsr. Arnaud son parent
qui est si bon Catholique. Vous ne savez pas, me
répondit-il, que ce Docteur est Catholique politique, que son pere & ses trois oncles sont nés & morts
Huguenots, & qu'il ne dégenerera point. Je fus,
ajoûta cet Ecclesiastique si étonné de cette réponse,
qui pour voir s'il persisteroit je luy fis écrire quelques
jours apres par un de ses amis, qu'il estoit surprenant
qu'un homme de sa probité voulût appuyer les men-
songes des Jesuites qu'il haïssoit mortellement. Voicy ce qu'il luy répondit, *Pour répondre à la vostre,*
Monsieur, il est necessaire de vous faire un petit détail
ennuieux que je vous prie d'excuser. Messieurs Ar-
naud estoient quatre freres nés & morts Huguenots.
Je n'ay vû que le Cadet dans ma jeunesse enterré à
Charenton. L'aîné estoit Maître des Requestes dont
est sorti Monsr. Dandilli, le Docteur Arnaud, &
Monsr. l'Evêque d'Angers. Je ne sçais point à quel
âge ils ont changé de Religion : mais Monsr. de Pom-
pone sorti de Monsr. Dandilli est né Catholique ; Le
second des quatre est mort Maître de Camp des Cara-
bins de France ; Le troisiéme, Intendant des Finan-
ces, a laissé pour enfans Monsr. Arnaud Maître de
Camp des Carabins de France à son tour, qui fut à

vingt

Lettre
de Mr.
de Reü-
court en
origi-
nal.

vingt ans Gouverneur de Filisbourg & changea de Religion, & depuis Gouverneur de Dijon, Bellegarde, & St. Jean de Lanne, & avoit pour sœur Madame de Feuquiere, & ma mere, mortes Huguenotes l'une & l'autre. Cette Lettre, Monsieur, dont on m'a remis l'original pour vous l'envoyer, demande absolument que vous produisiez vostre Baptistre; car ce ne sont plus les Jesuites vos ennemis qui vous reprochent d'estre né Huguenot. J'aurois beaucoup d'autres choses à vous écrire tant sur le projet de la Nouvelle Bibliotheque de nos Auteurs, que sur diverses matieres qui vous regardent; mais la personne qui a bien voulu se charger de ce petit paquet estant sur le point de partir, j'attendray une autre occasion. Je suis avec tout le respect possible,

MONSIEUR,

A Paris ce 28 Septembre 1691.

Vostre tres-humble & tres-obeissant serviteur,

DE SAINTE FOY.